DENTRO DEL ARRECIFE DE CORAL

por Katy Muzik
Ilustrado por Katherine Brown-Wing

Charlesbridge

A b a j o a b a j o
abajo en el mar
azul, claro, tibio y tropical, vive un
lindo arrecife de coral.

El arrecife es un hogar maravilloso
para cientos de tipos de peces y miles
de tipos de otras criaturas.

El arrecife está hecho de millones de
animales pequeñitos llamados pólipos
de coral.

coral cuerno de venado

2 esponjas

burro catalina

pez mariposa

abanico violeta

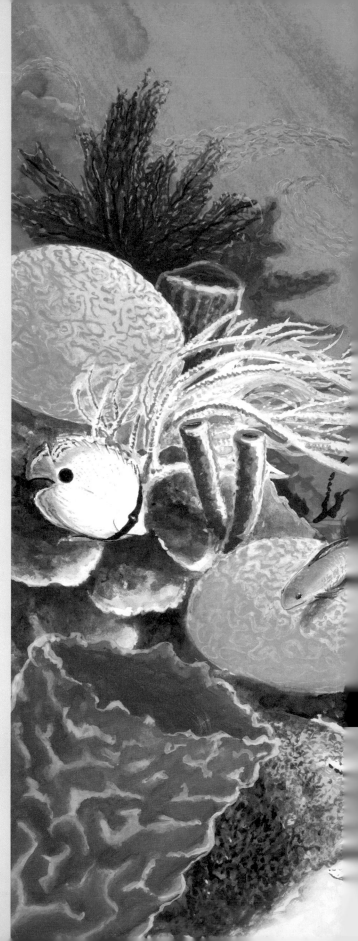

Cada pequeño pólipo toma la comida con sus brazos pequeñitos, llamados tentáculos. Los pólipos comparten su comida, y viven tan cerca unos a otros que sus esqueletos se unen.

Algunos tipos de pólipos de coral desarrollan esqueletos blandos que se mecen suavemente de un lado a otro en el mar. Cada uno de estos pólipos tiene 8 tentáculos.

Otros pólipos de coral desarrollan esqueletos que son tan duros como piedras. Sus esqueletos forman los arrecifes de coral. Un pólipo de coral duro tiene 12, 24, 48 tentáculos o más.

Todos juntos, más de 50 tipos de corales duros, forman este arrecife en el mar Caribe.

gobio

pez guinea

4 pólipos de coral
cuerno de venado
(coral duro)

coral látigo
(coral blando)

¿Qué son estas cositas color de rosa?

¡Huevos de coral! Una vez al año, los pólipos del coral tienen bebés. Huevos y esperma salen de los pólipos y flotan hacia arriba, subiendo arriba y arriba hasta la superficie del mar azul.

Allí, cada huevo fertilizado se convierte en un bebé coral llamado plánula. Ahora, la plánula está lista para buscar un nuevo hogar. La plánula está cubierta con pequeños pelitos. Nada haciéndolos ondular a través del agua, pero no puede nadar muy rápido.

¡Cuidado pequeña plánula! ¡Cuidado con esos peces hambrientos!

¡Uff! Justo a tiempo, una gran ola se la lleva a . . .

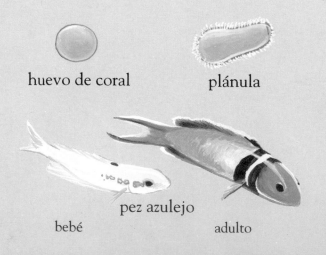

huevo de coral   plánula

pez azulejo

bebé   adulto

la cresta, o cumbre, del arrecife de corales.

Aquí el agua no es profunda. Siendo tan poco profunda, las olas chocan y revientan contra el arrecife.

Las olas hacen el mar tan turbulento que muy pocos animales pueden vivir aquí. Un gusano cerdoso se agarra con fuerza. Buscando comida, un banco de peces se lanza entre las ramas del coral.

¿Será éste un buen hogar para la plánula? No, es demasiado turbulento. Arrastrada por las olas, la plánula se monta en una ola y pasa sobre la cresta hacia

coral caleta

barracuda picuda

adulto

bebé

navajón azul

gusano cerdoso

la laguna.

El agua en la laguna es tranquila. Pero aunque parece muy calmada, la laguna es un lugar muy activo, desde la superficie hasta

el

fondo.

En la superficie un pelícano traga una bocanada de peces. En el fondo una raya eléctrica chupa camarones.

Muchos animales que buscan comida en la laguna son difíciles de ver. Un pez chupador esmeralda se esconde en una hoja de hierba de tortuga. Almejas y cangrejos se esconden en la arena.

Qué lugar tan activo, de día y de . . .

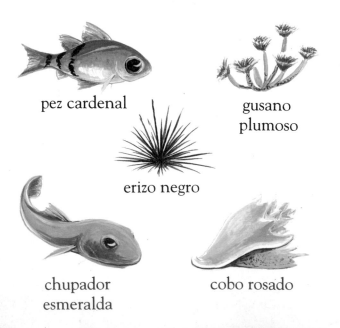

pez cardenal

gusano plumoso

erizo negro

chupador esmeralda

cobo rosado

noche es la laguna.

¡Rayos! ¡Brillos! ¡Titileos! ¿Qué serán estas luces? Destellan como estrellas en el cielo, pero están en el agua!

Estas luces son emitidas por animales. Algunos animalitos, que son tan pequeños que casi no se ven, están destellando. Estrellas quebradizas brillan para ahuyentar langostas y cangrejos. Gusanos brillan para lucirse a otros gusanos. Peces linterna parpadean para atraer su comida.

¿Puede la plánula vivir aquí? No, es demasiado arenoso. La plánula necesita un lugar rocoso. Entonces flota hacia . . .

gusano

agua viva

estrella quebradiza

pez linterna

los manglares, cerca de la orilla de la laguna.

Los mangles rojos pueden vivir en agua salada. Sus raíces se arquean, penetrando en el mar. Esponjas y algas crecen en las raíces.

Millones de pececitos y camaroncitos comienzan su vida en el agua alrededor de las raíces de los mangles. Hay mucha comida para ellos allí.

¿Será éste un hogar también para la plánula? No, hay demasiada sombra aquí. La plánula continúa nadando hacia

árbol de mangle

ostión de mangle

bebé ronco

jaiba de mangle

aguas poco profundas cerca de la playa.

El sol calienta la arena de la playa. La arena fue hecha por las olas del mar. Durante miles de años, las olas han triturado en pedacitos los esqueletos de los animales y plantas del arrecife. Con el tiempo, los pedacitos formaron tantos granos de arena que cubrieron el fondo de la laguna y fueron arrastrados hacia la orilla donde formaron la playa.

¿Será éste un hogar para la plánula? No, es muy poco profundo y demasiado caliente aquí. La plánula toma la corriente hacia

erizo de mar
y espina

planta de
halimeda

pedacitos
de arena

caracol
lengua de flamingo

esqueleto de coral
cuerno de venado

agua más profunda. ¡Ay de mí, el agua está sucia!

Está tan sucia que los corales se están muriendo. El barro sofoca los pólipos y bloquea la luz del sol que necesitan.

Los productos químicos traídos por los ríos desde las fábricas y las plantaciones envenenan los corales. En el agua sucia bacterias dañinas cubren los corales y los matan. Buzos descuidados dañan los corales también. Los pisan y los rompen con las anclas de sus barcos.

Sin corales vivos, los peces y los otros animales se van. La plánula no puede vivir aquí tampoco. Por suerte, la corriente se la lleva de la laguna, sobre la cresta del arrecife, y abajo . . .

cherna criolla

bacteria de banda negra en un coral cerebro

bacteria babosa

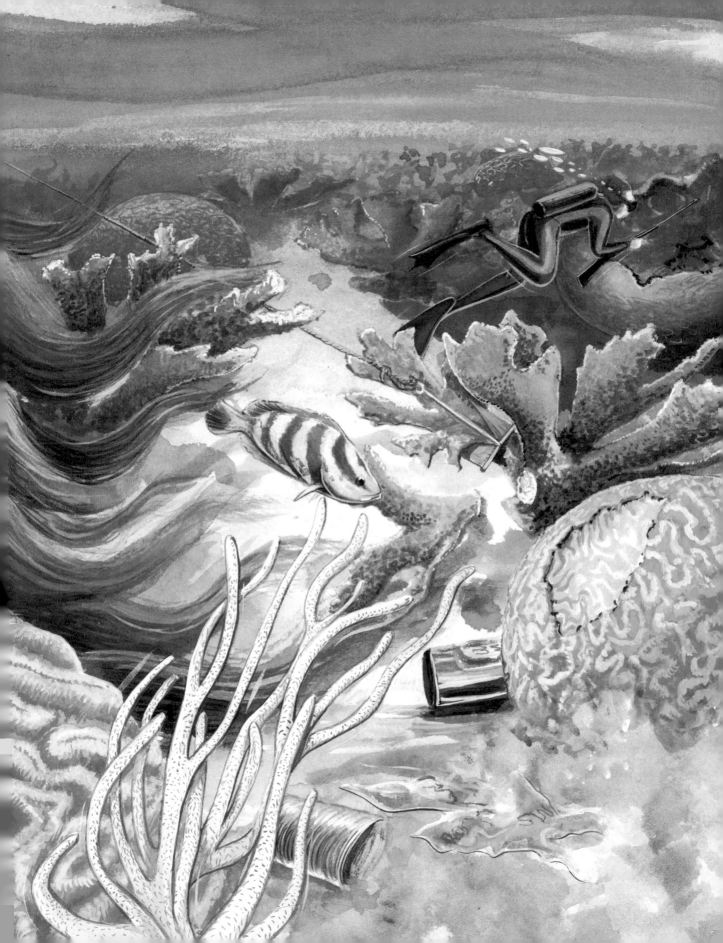

al otro lado del arrecife

hacia lo profundo, más y más
profundo hacia una parte sana del
arrecife.

Por fin, un lugar seguro en donde la
plánula puede fijarse. El lugar es duro
y rocoso. Hace sol pero no hace
demasiado calor. Corrientes suaves
traen agua limpia y muchos
alimentos. ¡Será el hogar perfecto!

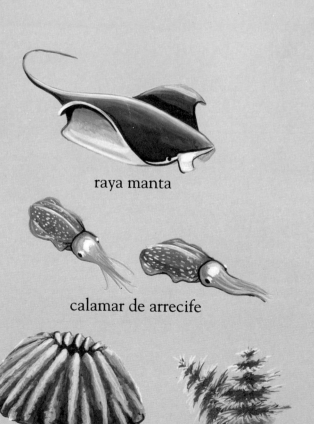

raya manta

calamar de arrecife

pólipo de coral estrella   gusano arbolito
escondido, visto de cerca   de Navidad

¡Sorpresa! La plánula está cambiando.
Primero se pega a un lugar seguro.
Entonces, doce pequeños tentáculos
se forman alrededor de su boca.
Ahora es un pólipo. Parece una flor,
pero en realidad es un animal.

Bajo su cuerpo blando, el pólipo
empieza a formar un esqueleto blanco
y duro. En unas semanas hace otro
pequeñito pólipo exactamente igual.
Los pólipos están unidos. Juntos, los
dos pólipos tienen veinticuatro
tentáculos para atrapar alimentos.

¡Ay, un copepodito! ¡Agárralo!

copépodo

1 mes   6 meses   1 año

una plánula crece

La plánula está creciendo para ser un coral cuerno de venado. Crecen más pólipos y más aún. Acá viene un pez mariposa que come coral. Dénse prisa polipitos, escóndanse.

Los pólipos de coral se avisan entre ellos del peligro. Rápidos como un guiñar de ojos, agarran sus tentáculos y se cierran. Esconden sus cuerpos blandos dentro de su esqueleto duro y blanco.

Cuando ha pasado el peligro, los pólipos se abren lentamente, y extienden los tentáculos otra vez.

coral
cuerno de venado
2 años

estrella plumosa

abanico gigante

tunicados

Muchas criaturas en el arrecife son compañeros. Se ayudan unos a otros a esconderse o a encontrar comida. Un cangrejo se esconde en el coral para escaparse de un pulpo hambriento. Un camarón vive a salvo dentro de una esponja.

En una estación de limpieza, los gobios comen lo que encuentran en los dientes de un mero. El mero mantiene la boca abierta para los gobios. Fuera de la estación, el mero se comería los gobios.

Aun los polipitos tienen compañeros. Aprovechan el alimento especial de las algas que viven dentro de su piel. Las algas reciben de los pólipos un hogar. Esta amistad ayuda al coral a crecer bastante grande para hacer arrecifes.

plantas y
pólipo

tiburón martillo
y rémora

mero
y gobio

esponja y
camarón

A_b_a_j_o_a_b_a_j_o abajo en el lindo
mar azul, claro, tibio y tropical, este
arrecife está sano y salvo. El lugar
donde vive está limpio. Millones de
animales coralinos han estado
añadiendo sus esqueletos al arrecife
por más de 8.000 años.

A un arrecife le lleva miles de años
para crecer, pero sólo unos pocos
años para ser destruido. Este arrecife
y otros, por todas partes del mundo,
están en peligro porque estamos
ensuciando los mares. Los arrecifes de
coral necesitan nuestra ayuda.

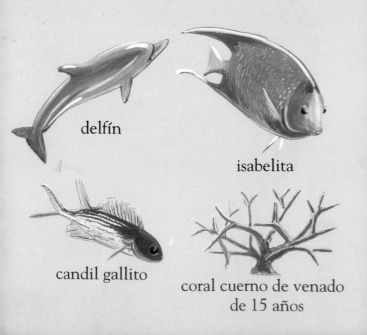

delfín

isabelita

candil gallito

coral cuerno de venado
de 15 años

¿Qué podemos hacer para ayudar a la pequeña plánula a que crezca y sea parte de un gran arrecife de coral? El primer paso es descubrir cómo lo que hacemos en la tierra afecta la vida en el mar.

Todas las criaturas vivas, incluso los corales y la gente, necesitamos agua limpia. Nosotros usamos el agua en nuestras granjas y en nuestras ciudades. Tiramos tantas cosas al agua que la ensuciamos. Esta agua sucia fluye a los ríos, a los lagos, y a los arroyos subterráneos, hasta que llega al mar. Allá daña los arrecifes de coral y todas las criaturas que hacen su hogar en ellos.

Pero nosotros podemos mejorar el ambiente acuático. Podemos limpiar nuestros ríos, lagos y mares de nuevo. Podemos aprender sobre la vida del arrecife de coral y compartir lo que aprendemos con otros. Podemos ayudar a que la gente, en todas partes, se interese por los arrecifes maravillosos y por los animalitos que los forman.

A la agua. K.M.
Por Susan D. Gibbs y mi esposo Stephen. K.B.W.

Edición en Español Copyright © 1993 de Charlesbridge Publishing
Copyright © 1991 de texto e ilustraciones de Charlesbridge Publishing
Número de Catálogo de la Biblioteca del Congreso: 93 70040
ISBN 0-88106-422-X (softcover)
ISBN 0-88106-642-7 (library reinforced)
Publicado por Charlesbridge Publishing, 85 Main Street, Watertown, MA 02172 • (617) 926-0329

Impreso en los Estados Unidos de América
(sc) 10 9 8 7 6 5 4 3
(lb) 10 9 8 7 6 5 4 3 2 1

Printed on Recycled Paper